YOSEMITE

JENNY MARKERT

THE CHILD'S WORLD

Diseño y fotografía:
MICHAEL GEORGE

Distribuido en colegios y bibliotecas de los EE.UU. por
ENCYCLOPAEDIA BRITANNICA EDUCATIONAL CORP.
310 South Michigan Avenue
Chicago, Illinois 60604

ISBN 1-56766-033-9

Aunque no hayas visitado nunca California, es probable que ya hayas visto el Parque Nacional Yosemite. Las fotografías de Yosemite decoran un sinfín de calendarios, postales y libros de fotos. Mi primera visita al parque fue después de haber leído acerca de él en libros y revistas, y de haber oído hablar de él a aventureros, conferenciantes y amigos. Mi compañero de viaje, Mike, ya había hecho excursiones en Yosemite antes. Al planear nuestra aventura, noté que tenía un brillo especial en los ojos. Parecía que él sabía algo que yo desconocía.

Mike tenía la misma mirada en los ojos el día que salimos de Fresno, California, con rumbo a Yosemite. Aunque era por la mañana temprano, el aire ya estaba caliente. Pasamos por un camino estrecho, por colinas y pueblos pequeños. Aunque apenas nos dábamos cuenta, íbamos en ascenso la mayoría del tiempo. Estábamos subiendo por la Sierra Nevada, la cordillera que forma la columna vertebral de California.

Llegamos a las puertas de Yosemite por la tarde. Aún nos encontrábamos a muchos kilómetros del valle que hizo famoso a Yosemite, pero el camino se hizo mucho más interesante. El paisaje a la orilla del camino adquirió vida, con flores de colores vivos en naranja, rojo y púrpura. Los pinos majestuosos se elevaban como torres por encima del auto. Los prados verdes y los estanques resplandecientes se ondulaban con la brisa de la tarde.

Después de media hora, entramos en un túnel largo y oscuro. El aire del túnel era fresco, quieto y húmedo. Cuando salimos, me sentí como en otro mundo. El Valle de Yosemite apareció delante de nosotros, protegido por todos los lados por paredes rocosas escarpadas. El suelo del valle estaba alfombrado con hierbas y árboles verdes y enormes rocas grises se levantaban fríamente. En algunos lugares, al agua saltaba por el borde del valle y se desplomaba hacia el fondo. El agua caía en el río Merced, la corriente de agua que se abre paso zigzagueando por el terreno del valle.

Era una típica tarde de verano en California. El cielo era azul, el sol brillaba y había gente por todas partes. Algunos eran mayores, muchos eran jóvenes y la mayoría eran de edades entre ambos grupos. Había personas gordas, delgadas, altas y bajas. Algunos estaban sentados en silencio, otros gritaban, conversaban y susurraban. Había autos estacionados desordenadamente, esparcidos como rarezas de la naturaleza. Otros se desplazaban como rayos, pasando a velocidades trepidantes entre las rocas inmóviles y silenciosas.

Con el deseo de librarnos de la muchedumbre, alquilamos una balsa inflable y bajamos flotando por el río Merced. El viaje fue lento y sosegante —un agradable cambio de las calles bulliciosas. Nos tumbamos sobre la balsa de goma tratando de no tocar el agua que estaba extremadamente fría. Cada curva del río mostraba nuevas playas y árboles, pero las rocas, como torres, siempre estaban a la vista. Podíamos ver las cataratas del Yosemite durante la mayoría del viaje. El Capitán, el monolito de granito más grande del mundo, nos observaba constantemente. Al otro lado del valle, la Media Cúpula ("Half Dome") se asomaba sobre el río.

La historia del singular paisaje de Yosemite comenzó hace mucho tiempo. Hace

aproximadamente 500 millones de años, Yosemite no se parecía en absoluto a lo que es hoy en día. No había enormes rocas majestuosas, ni saltos de agua en cascada. De hecho, ni siquiera existía la cordillera. La región de la Sierra Nevada estaba inundada por un mar antiguo. Gradualmente, el fondo del mar se dobló y retorció, y se levantó sobre el nivel del agua. Al mismo tiempo, la roca fundida irrumpió desde la profundidad de la tierra. La roca se enfrió lentamente y se convirtió en duras losas de granito.

El paisaje de Yosemite aún estaba formándose. Capas de rocas blandas sedimentarias cubrieron el granito que se puede ver actualmente. Durante el transcurso de millones de años, el viento y la lluvia han ido desgastando esta capa sobrepuesta de roca, lo que ha dejado el granito al descubierto. Mientras tanto, el río Merced comenzó a esculpir en el terreno rocoso un valle en forma de V.

Con el tiempo, el clima de la Sierra Nevada se enfrió. La nieve y el hielo cubrieron la mayor parte de Yosemite. En el valle y en otras partes, el hielo se deslizó cuesta abajo. Estos ríos gigantescos de hielo, llamados glaciares, esculpieron la tierra profundamente. Al derretirse el hielo, por fin se puso al descubierto el escarpado valle de Yosemite.

Cuando terminó nuestro viaje en balsa, el sol ya estaba bajando cerca del horizonte. Nos unimos a los demás turistas en una carrera por conseguir uno de los lugares para acampar que quedaban libres. Encontramos un lugar para descansar cerca de unas piedras grandes aisladas, quizá dejadas por un glaciar antiguo. Nos quedamos dormidos tan pronto como pusimos las cabezas en el suelo.

Cuando nos despertamos a la mañana siguiente, el cielo azul del verano se había desvanecido, y en su lugar, unas nubes grises y espesas colgaban justo por encima del suelo. Comenzó a lloviznar lentamente pero no nos

podíamos quejar. A nuestro alrededor, los árboles, la hierba y las flores absorbían el agua surtidora de vida. Nos pusimos los impermeables y comenzamos la marcha hacia la Arboleda Mariposa ("Mariposa Grove").

En la Sierra Nevada, siempre se está rodeado de árboles coníferos altos y grandiosos pero en la "Mariposa Grove", estos árboles impresionantes se ven empequeñecidos al lado del árbol más grande de todos los árboles —el poderoso secoya. Los secoyas son los más grandes de todas las criaturas vivientes. Cualquier otro árbol parece pequeño al lado de estas plantas gigantescas. El secoya más grande de Yosemite se llama el Gigante Grisáceo ("Grizzly Giant") que se eleva a más de 61 metros sobre el suelo. ¡Habría que dar 40 zancadas para caminar alrededor del tronco del Gigante Grisáceo!

Los secoyas son mejor compañía que las muchedumbres ruidosas. Se levantan majestuosos y orgullosos, y las ramas gruesas y pesadas se estiran como los brazos de tu abuelo preferido. Alrededor de ellos, los animales tienen su hogar. Las ardillas corretean, los insectos se mueven con lentitud y los pájaros gorjean. Los cantos de la naturaleza hacen eco entre los árboles.

Regresamos a nuestro lugar de campamento después de haber disfrutado de una merienda campestre rodeados por los árboles gigantes. Al lado de nuestra tienda corría un arroyuelo murmurante. Saltamos por rocas y troncos mientras perseguíamos el agua cuesta abajo. En poco tiempo, llegamos a un torrente de agua mucho más grande y ruidoso, el Arroyo Yosemite. Sabíamos que, finalmente, el agua se desplomaría por las cataratas del Yosemite para acumularse después abajo, en el valle.

Seguimos el río hasta que la oscuridad entró furtivamente en las sombras. Cuando por fin decidimos regresar, la Luna estaba saliendo por el este. Sobre el horizonte

opuesto, Venus y Marte resplandecían en el crepúsculo del cielo. Al poco tiempo, la luz de la Luna se vertía por entre los árboles a nuestro alrededor. Fue una lástima que llegásemos tan pronto a nuestro lugar de campamento.

La mañana siguiente nos saludó con cielos azules y nubes de algodón. Decidimos subir la Media Cúpula, una de las enormes losas de granito que se levantan sobre el Valle Yosemite. Un guarda del parque nos advirtió de lo largo y escarpado que era el camino. También mencionó los cables peligrosos que hay al final. Tomando en cuenta sus advertencias, nos preparamos para una larga y difícil caminata.

El camino empezó con un ascenso empinado, trepando por rocas dispuestas como grandes escalones. Las rocas estaban muy mojadas, al igual que nosotros. Las Cataratas Vernal se desplomaban desde el borde superior, a gran altura, bañándolo todo con su rocío. Detrás de nosotros, un arco iris que brillaba tenuemente parecía estar bastante cerca como para poder tocarlo. Sin embargo, nadie podría reclamar tal premio puesto que se encontraba bajo el torrente de agua.

Por encima de las Cataratas Vernal, el aroma de los pinos llenaba el aire. El azul profundo del cielo se asomaba por entre los altos árboles verdes. Ardillas, pájaros y ciervos cruzaban de vez en cuando nuestro camino. Los escarabajos, grandes y negros, exploraban el suelo del bosque.

Llegamos a la base de la Media Cúpula después de cinco horas de viaje cuesta arriba. Delante de nosotros, dos cables escalaban la pared rocosa escarpada —cabos salvavidas para aquellos ansiosos de llegar a la cima. Impacientes, cansados y sedientos, comenzamos el empinado ascenso. Enseguida me di cuenta de la importancia de los cables. Era imposible caminar con normalidad por la roca lisa y escurridiza. Tenía que utilizar los brazos

para tirar de mi cuerpo hacia arriba. Por debajo de mí, la roca se curvaba hacia adentro. Por encima de mí, se arqueaba hacia el cielo. Me sentí como si estuviera en suspensión en el aire, sujetándome solamente por la fuerza de los brazos.

Llegamos a la cumbre de la Media Cúpula antes de lo que esperábamos. Me sentí como si estuviera en lo alto del mundo. A nuestro alrededor, todo eran montañas coronadas de nieve y, lejos, abajo, se extendía la tierra del Valle Yosemite. Nos agachamos al suelo por temor de que nos pudiera llevar el viento, el cual azotaba con un ruido como de una estampida de búfalos.

Con gran sorpresa, nos dimos cuenta de que nosotros no éramos los únicos animales sobre esta roca alta y soberana. Había marmotas que se lanzaban entrando y saliendo de las grietas. Me miraban fijamente mientras yo les devolvía la mirada. ¿Cómo pueden moverse por estas rocas con tanta facilidad y soltura? Probablemente se estaban riendo de nosotros al vernos agarrados al suelo.

Me preguntaba cómo podría guardar dentro todo lo que sentía. Deseaba abrazar a las marmotas, acariciar el cielo y gritar mi alegría. Después, antes de lo que yo hubiera querido, ya estábamos bajando. La tarde estaba llegando a su fin y aún nos quedaba por recorrer la mitad del camino. Grabé en la mente las imágenes que tenía delante de mí mientras me preguntaba si regresaría algún día.

Seis horas más tarde, después de la puesta de sol, estábamos de nuevo en el fondo del valle. Estábamos demasiado agotados para expresar nuestra sensación de logro. Nos tambaleamos hasta el auto y nos preparamos mentalmente para el dolor muscular que siempre sigue a una buena caminata.

Al día siguiente, con el cuerpo dolorido, me pregunté si la excursión había valido la pena. Pronto, todos los recuerdos vienen a mi mente. Los sonidos del viento, el agua y el crujir de los árboles inundan mi mente. Recuerdo los aromas del bosque y las vistas panorámicas de las montañas. Veo el arco iris pintado y las marmotas peludas tomando el sol. Sé la respuesta a la pregunta sin la menor sombra de duda. El pensamiento de Yosemite siempre traerá un brillo especial a mis ojos.

«————————»